MARIÉE DEPUIS MIDI

PIÈCE EN UN ACTE

DE

W. BUSNACH & A. LIORAT

MUSIQUE DE

GEORGES JACOBI

PARIS
TRESSE, ÉDITEUR
AU PALAIS-ROYAL, GALERIE DE CHARTRES, 10 ET 11

BRANDUS ET Cie, ÉDITEURS DE MUSIQUE
A PARIS, 103, RUE DE RICHELIEU

MDCCCLXXIV

MARIÉE DEPUIS MIDI

PIÈCE EN UN ACTE, MÊLÉE DE CHANT

Représentée pour la première fois, à Paris, sur le théâtre des BOUFFES-PARISIENS, le 7 mars 1874

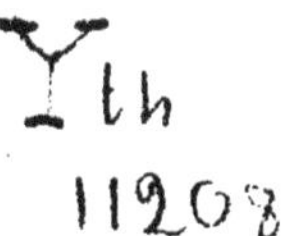

EN VENTE A LA MÊME LIBRAIRIE

LE FLORENTIN

Opéra-comique en trois actes........................ 1 fr »

LE SECRET DE ROCBRUNE

Drame en cinq actes................................ 2 »

LE FILS D'UNE COMÉDIENNE

Drame en cinq actes................................ 2 »

L'OPÉRA AUX ITALIENS

A-propos en un acte................................ 1 »

LA NUIT DES NOCES DE LA FILLE ANGOT

Vaudeville en un acte.............................. 1 »

LA LIQUEUR D'OR

Opéra-comique en trois actes, interdit par autorité supérieure.................................... 2 »

LA FALAISE DE PENMARK

Drame en cinq actes................................ 2 »

POMME D'API

Opérette en un acte................................ 1 50

LA LEÇON D'AMOUR.

Opérette en un acte................................ 1 »

CLICHY. — Impr. PAUL DUPONT, 12, rue du Bac-d'Asnières.

MARIÉE
DEPUIS MIDI

PIÈCE EN UN ACTE, MÊLÉE DE CHANT

DE

MM. W. BUSNACH & A. LIORAT

MUSIQUE DE

M. GEORGES JACOBI

PARIS
TRESSE, ÉDITEUR
AU PALAIS-ROYAL, GALERIE DE CHARTRES, 10 ET 11

BRANDUS ET Cie, ÉDITEURS DE MUSIQUE
103, RUE DE RICHELIEU

MDCCCLXXIV

PERSONNAGE

ESTELLE PARADIS. . . . . Mlle ANNA JUDIC.

©

Pour toute la musique, s'adresser à MM. BRANDUS et Cie, éditeurs, 103, rue de Richelieu.

MARIÉE

DEPUIS MIDI

Le théâtre représente un très-petit salon. — A droite, une fenêtre en pan coupé. — Porte au fond, portes latérales. — A gauche, un placard, une cheminée avec feu allumé, un canapé non loin de là. — A droite, un table recouverte d'un tapis, et sur laquelle est une lampe allumée. — A gauche, un petit meuble-bureau. — Sur la cheminée, une pendule et des candélabres. Le tout sans grand luxe, mais très-confortable.

(Au lever du rideau, Estelle est seule en scène, en toilette de mariée ; elle est à la porte du fond et tourne le dos au public.)

ESTELLE, *à la cantonade.*

Allons, adieu, ma petite mère chérie. — Non, vrai ! je t'assure que j'aime mieux me défaire seule. — Bonsoir ! Je t'en supplie, ne pleure pas... (*Elle referme la porte et redescend.*) Elle ne voulait pas s'en aller, maman... elle prétendait que ce n'est pas l'usage qu'une mère laisse sa fille toute seule dans un moment si solennel... elle voulait absolument attendre auprès de moi que M. Anatole... mais moi, je n'ai pas voulu... j'ai besoin de rassembler mes idées... Car je ne rêve pas... me voilà chez mon mari... Mon mari!... C'est qu'il n'y a pas à dire... je suis mariée... Ce matin quand je me suis levée, j'étais encore mademoiselle Simonneau... et depuis midi, je m'appelle madame Anatole Paradis... voilà bientôt douze heures de cela... douze grandes heures!.. Quelle journée, mon Dieu! j'ai cru que je n'en verrais jamais la fin!

AIR.

Dès six heures, à ma toilette,
Tout en pleurant, maman procède, et l'on me met
En blanc des pieds à la tête:
C'est un symbole, il paraît...
Puis un carrosse de remise
Vient me chercher, et nous voilà
Tous quatre partis pour l'église:
Maman et moi, mon futur et papa.
Pendant la messe, Anatole
Me passe une bague au doigt;
Ça, c'est encor un symbole,
Je ne sais pas bien pourquoi.
Aussitôt la cérémonie
Nous passons dans la sacristie;
Les parents, les amis, chacun me saute au cou,
Et mon cousin Jules surtout
M'embrasse en me serrant beaucoup.
La noce
Remonte en carrosse;
Clic! clac!
On va faire le tour du lac.
A la cascade
L'on descend,

Et tout le monde en enfilade
Passe dessous; j'en fais autant.
Est-ce encore un nouveau symbole?
Ce que je sais c'est qu'Anatole
S'est permis dans l'obscurité
Un peu trop de vivacité.
Une heure à peine
On se promène
Puis nous quittons le Bois[1], et, sans autre délai,
D'un trait le cocher nous mène
Dîner chez Lemardelay.
On mange, on boit, on s'émancipe;
A la gaîté je participe,
Quand au dessert je sens soudain
Près de mon pied se glisser une main...
Et reconnais celle de mon cousin...
« Jules, voulez-vous bien vous taire ! »
Que je m'écrie... On rit... Calme-toi donc,
C'est un symbole, me dit-on :
Toujours le plus jeune garçon
Doit détacher la jarretière.
On se partage les rubans
Et sans perdre de temps
On s'élance
A la contredanse;
J'aurais, ma foi! de l'embarras,
S'il fallait compter tous les bras
Qui m'ont pressée,
Qui m'ont froissée,
Jamais autant je ne fus embrassée.
Enfin,
Vers onze heures, d'un air malin
Je vois qu'on sourit, qu'on chuchote,
Maman s'approche, et d'un ton qui tremblotte
Me dit : « Estelle, allons-nous-en... »

En rougissant,
Espérant, redoutant des choses que j'ignore,
En ce logis je viens de pénétrer,
Me demandant s'il reste encore
Quelque symbole à me montrer.

Me voici donc chez lui!... chez moi, au fait!... Car enfin... c'est pour nous deux que M. Anatole a loué ce petit bijou d'appartement... notre nid, comme il dit depuis huit jours en faisant des yeux malins... Pourquoi donc fait-il des yeux malins depuis huit jours?... Le fait est que c'est un peu drôle, un nid, au second, rue du Sentier!... Mais voilà... papa qui n'a jamais quitté la toile, a voulu absolument que nous restions dans le quartier... et puis la maison appartient à M. Dumont, celui qui a fait notre mariage... M. Anatole... au fait... je peux bien dire Anatole tout court... il faut même que je commence à m'y habituer à dire Anatole tout court... Anatole est son filleul, et je crois bien que si M. Dumont a tenu à ce que le mariage se fît, c'est surtout pour louer son petit second qui était vacant depuis trois termes... Mais ça ne fait rien, je lui en sais bon gré tout de même, parce qu'entre nous, je n'avais guère envie de planter sur ces cheveux-là le bonnet de Sainte-Catherine... et puis c'est un homme très-bien, ce M. Dumont... et de mœurs très-austères, à ce qu'il paraît... J'ai souvent entendu maman dire en parlant de lui : « C'est un homme de mœurs très-austères, » et papa ajoutait : « Un Joseph, quoi! » (Réfléchissant.) Son petit nom est Amilcar... Pourquoi donc papa l'appelait-il Joseph? Ça veut sans doute dire un homme qui se conduit très-bien... J'espère que mon mari est aussi un Joseph. (Regardant la pendule.) Onze heures trente-cinq... Et c'est à minuit... à minuit juste qu'Anatole... Tiens!... me voilà presque habituée à présent... qu'Anatole, qui est resté chez Lemardelay à faire le bésigue de papa, viendra me retrouver... Il aurait bien voulu venir tout de suite, Anatole... Il se levait déjà quand il m'a vue partir... mais papa n'a pas voulu... « Du tout, monsieur, du tout, lui a-t-il dit, Estelle doit entrer sous l'aile de sa mère au domicile conjugal... On vous préviendra... » Anatole s'est rassis tout piteux, et là-dessus papa m'a embrassée sur le front... oh! sans émotion, lui!... pas comme mon cousin Jules... puis il a ajouté : « Faites attention, jeune homme, je vois votre jeu... » Mais l'heure marche... et il va venir... Dieu! que j'ai peur!... Pourquoi donc ai-je si peur que ça? Il n'a cependant pas l'air méchant, Anatole... oh! non... au contraire... mais c'est plus fort que moi... Il me semble que demain j'aurai moins peur... Non, mais est-ce bête d'avoir peur comme ça!... Ça me fait monter le sang à la tête... (*Elle se débarrasse de sa sortie-de-bal qu'elle avait gardée entr'ouverte, et la jette sur un fauteuil. Un papier tombe à terre, elle le ramasse.*) Tiens!... qu'est-ce que c'est que ça?... Ah! oui... la lettre qu'on m'a remise ce matin au moment où je montais en voiture... je ne l'ai même pas regardée... j'avais bien la tête à ça!... Encore un prospectus probablement... Vous ne vous imaginez pas ce qu'on reçoit de prospectus quand on est sur le point de se marier... et de bien drôles encore... je les ai tous gardés pour me les faire expliquer par Anatole... (*Elle regarde la suscription.*) Tiens! mais c'est l'écriture de Valentine... Valentine, ma meilleure amie de pension... Oh! comme il y a longtemps que nous nous sommes perdues de vue!... Mais c'est juste... elle s'est mariée il y a quinze jours, elle aussi... j'ai reçu sa lettre de faire-part... (*Confidentiellement.*) Et nous nous étions bien promis autrefois que celle de nous deux qui se marierait la première écrirait tout de suite à l'autre... Elle a tenu sa promesse... Ah! c'est gentil à elle!... En voilà une lettre qui arrive joliment à propos!... (*Elle ouvre vivement la lettre.*)

RONDEAU.

Lettre de Valentine a Estelle.

Quoique mon temps, ma chère Estelle,
Soit fort rempli, tu le conçois,

Cependant je reste fidèle
A notre serment d'autrefois :
Je veux dans mon rôle de femme
Te raconter mes premiers pas :
Donc c'est fait, me voilà madame...
Oh! c'est bien simple... tu verras!
Le jour même du mariage,
Mon époux et moi, sans façon,
Nous avons pris, suivant l'usage,
Le chemin de fer de Lyon ;
Afin d'avoir plus large place,
Jule avait loué pour nous deux
Un wagon de première classe :
Tu penses s'il était heureux !
Seule avec lui, quel trouble extrême!...
Il s'approcha d'un air câlin,
Et murmurant : « Que je vous aime !
Doucement il me prit la main...
En tremblant je le laissai faire,
Quand un employé peu discret
Ouvrant brusquement la portière,
Nous demanda notre billet.
Fontainebleau !... le train s'arrête...
Et comme il n'était pas trop tard
Jules propose en tête à tête.
Une excursion à Franchard.
Nous sautons dans une calèche :
Fouette, cocher!... Et d'un seul trait
Nous franchissons comme une flèche
Trois kilomètres de forêt.
A Franchard, on met pied à terre...
Et là, comme deux amoureux,
Bras enlacés, dans le mystère,
Nous suivons les sentiers ombreux.
Mais voilà que le soir s'avance...

Après quelques détails encor
Que je te passe sous silence,
Nous rentrons au Charriot d'Or.
Dieu ! quelle chambre !... à peine close...
Des rideaux blancs percés de trous,
Au mur un méchant papier rose
Qui n'avait pas coûté six sous !
Pour meubles, deux chaises vulgaires,
Un vieux fauteuil rouge en damas
Et quelques estampes grossières :
Bélisaire et Léonidas...
Eh bien ! ma chère, étrange chose !
Quand jusqu'à cent ans je vivrais,
Cette petite chambre rose,
Non, je ne l'oublierai jamais.
Ah !.. j'en aurais long, mon Estelle,
A te conter... mais il suffit :
Toi, tu n'es qu'une demoiselle
Et déjà je t'en ai trop dit.
Adieu... Tu m'en voudras peut-être :
On te mariera comme moi...
Si j'interromps ici ma lettre,
Ton mari te dira pourquoi.

(Avec désappointement.) C'est tout... me voilà bien avancée... Ah ! ces femmes mariées... sont-elles cachottières !... Après ça !... (Elle regarde la pendule.) Minuit moins vingt... (Elle froisse la lettre et se met à examiner autour d'elle.) C'est gentil ici... et puis, à deux pas du boulevard... (Elle va à la fenêtre dont elle soulève légèrement le rideau.) Juste vis-à-vis ma nouvelle connaissance, madame Pinson, la femme du receveur des contributions qui est l'ami de mon mari... Oh ! il a de très-belles connaissances, mon mari... Ce n'est pas étonnant il est sous-chef de bureau au ministère, et l'on m'a assuré qu'une fois marié, ce serait très-facile de le faire décorer !... Il paraît que c'est un très-gentil ménage, les Pinson... et papa disait l'autre jour : « Mais ce ne sont pas des pinsons... ce sont des tourtereaux... » Nous aussi, peut-être que nous serons des tourtereaux... Voici notre nid, comme dit Anatole... et un beau p tit nid encore !... Tout à l'heure, en entrant, j'ai vu... je pleurais dans les bras de maman, mais j'ai vu tout de même... une petite antichambre qui a très-bonne façon... (Regardant à gauche.) Qu'est-ce qu'il y a là ? (Ouvrant la porte.) Ah ! c'est la salle à manger... (Allant à droite.) Et par là ?... Ah !... c'est la chambre... (Elle redescend toute rêveuse et se regarde machinalement dans la glace en s'accoudant sur la cheminée.) Ma pauvre couronne ! Je crois bien qu'il est temps de l'ôter ! (Elle détache lentement sa couronne et son bouquet.)

COUPLETS.

I

Quitte mes cheveux et ma robe,
Petite fleur, puisqu'il le faut...
Mais, sois tranquille... sous un globe
On va t'encadrer au plus tôt.
Avec regret de ma coiffure
Je te vois tomber sans retour :
Il paraît que cette parure
Ne peut se porter qu'un seul jour !

REFRAIN.

Allons ; tant pis !.. contre l'usage
Je ne prétends point m'insurger !...
C'est dommage ! (*Bis.*)
Ma pauvre fleur d'oranger...

II

Depuis tantôt chacun déclare
Que cette fleur me va fort bien

Un jour de plus, chose bizarre !
Voilà qu'elle ne vaut plus rien.
Comment, elle faisait merveille
A mon corsage... et puis soudain...
C'est étrange !... Pourquoi la veille,
Et pourquoi pas le lendemain ?...

Allons ; tant pis !... etc...

En attendant je vais la serrer délicatement pour la mettre à l'abri de la poussière... (Elle la pose sur la table.) Voyons, où vais-je l'enfermer ? Comme c'est gênant quand on ne connaît pas les êtres ! C'est que je ne connais pas les êtres !... Heureusement qu'Anatole me les montrera ! (Allant au placard.) Ah ! voilà justement... (Elle l'ouvre.) une armoire !... La garde-robe de mon mari... et là... le panier de la blanchisseuse... (Elle tire de l'armoire un panier recouvert d'une serviette.) Il n'est même pas défait... comme ces garçons sont peu soigneux !... Du linge d'homme !... à la maison, c'est moi qui rangeais le linge de papa... mais il me semble que ça ne doit pas être la même chose... voyons vite... (S'arrêtant.) Ce qui m'a toujours plu dans Anatole, c'est qu'il a du très-joli linge... (Elle découvre le panier et tire un peignoir garni de dentelles qui se déplie.) Hein !... qu'est-ce que je vois là ?... c'est à mon mari ça ?... il porte de la valenciennes... de la valenciennes à douze francs le mètre !... (Elle regarde vivement la marque.) B. A. (Elle cherche.) Ça n'est pas sa marque... qu'est-ce que ça veut dire ?... Serait-ce à une femme par hasard ?... Mais mon mari habite ce logement depuis six semaines ... Une femme y serait donc venue avant moi !... pourquoi faire ?... elle y aurait laissé son peignoir !... Qu'est-ce que ça peut être que cette femme là ?... il n'a pas de proches parentes... et puis d'ailleurs !... Mais alors... ce serait donc une vilaine femme ?... Oh ! mon Dieu... et il y a peut-être longtemps que ça dure, ces infamies-là !... (Elle prend le livre de la blanchisseuse, lisant :) « Du 26 août,

4 mouchoirs de batiste fine; du 19, 2 bonnets ; du 12, 1 chemise en jaconas; du 5, 3 jupons... » (*Avec un cri.*) Mais ça n'est pas possible!... Voyons!... Anatole qui a l'air si gentil... il serait donc un... je ne sais pas comment ça s'appelle, moi... Ah! que je suis fâchée d'avoir renvoyé maman... il y a plus longtemps que moi qu'elle est mariée, elle doit avoir l'expérience de ces choses-là... Voyons... ne perdons pas la tête... Il est évident que cette... personne, qui fait laver son linge chez mon mari, doit avoir laissé ici d'autres traces de son passage... Sur cette table, rien... dans ce placard, un habit, une redingote, une robe de chambre, un gilet, deux gilets... tout ça est parfaitement régulier... Ah! un pantalon (*elle le prend.*) J'ai souvent entendu dire qu'il y avait des femmes qui portaient la... mais on ne parlait pas de pantalon... (*Elle le rejette dans l'armoire.*) Cherchons ailleurs... Dans ce petit meuble... (*Elle ouvre.*) Des tiroirs... (*Elle ouvre un tiroir et en tire quelques objets qu'elle montre en les nommant :*) une pipe... une paire de gants... 8 1/2... c'est le numéro d'Anatole. (*Ouvrant un autre tiroir.*) Rien dans celui-ci... (*Un troisième.*) Ah!... (*Elle trouve une petite boîte, l'ouvre et en tire un médaillon suspendu à un velours noir.*) Je crois que cette fois c'est significatif... Avec des cheveux dedans... et des cheveux d'Anatole!... Quelle infamie! (*Elle jette le médaillon par terre.*) c'est affreux!... c'est un misérable!... Ah! ah! maman... maman... mes nerfs... (*Elle tombe sur le canapé en proie à une violente crise nerveuse; puis brusquement elle s'arrête, semble réfléchir, se lève, va mettre le verrou et revient au canapé sur lequel elle se laisse tomber reprenant son attaque de nerfs.*) Au secours!... Je me meurs!... Je veux m'en aller!... Je ne veux plus être madame Paradis!... Maman! maman! (*Elle s'arrête de nouveau subitement.*) Soyons forte, calme et digne... (*Regardant la pendule.*) Minuit moins un quart... Je n'ai que le temps d'abandonner ce domicile souillé par d'épouvantables orgies... J'en sortirai comme j'y suis entrée... sans que ma conscience me reproche rien... Je vais m'en retourner 27, rue Guénégand... au 3e... là, je dirai à papa... pourvu qu'il n'ait pas perdu

au bésigue, papa... je lui dirai : « Papa, le mari que vous m'avez choisi est un monstre.!. je l'ai quitté... donnez-m'en un autre... » Oui... oui... c'est cela... partons !... (Elle prend sa sortie de bal et la remet sur ses épaules.) Et quand je pense que tantôt... au bois de Boulogne... en passant sous la cascade... il me jurait n'avoir jamais aimé que moi... je veux qu'il sache que je ne suis pas sa dupe... je vais lui écrire... et de la bonne encre... Où y en a-t-il ?... Du papier... des plumes... Dieu ! que c'est ennuyeux de ne pas connaître les êtres!... mais ce n'est pas Anatole qui me les montrera... Ah ! sur ce livre... avec le crayon de mon carnet de bal... (Elle écrit.) « Monsieur... ne comptez plus sur moi... ma résolution est définitive... vous pouvez rappeler près de vous la créature dont le linge déshonore votre domicile en même temps qu'il révèle la déloyauté de vos sentiments avec lesquels j'ai l'honneur d'être... Estelle Simonneau, ex-femme Paradis. » Là... mettons cela bien en vue... sur la pièce à conviction... (Elle place le livre sur le peignoir qui est resté sur le canapé.) Je peux me dispenser de mettre l'adresse... le nom est sur la couverture... (Lisant.) « Livre de blanchissage appartenant à monsieur... (Reprenant le livre et lisant avec étonnement.) à M. Amilcar Dumont. » Ah ! ça n'est pas à Anatole... c'est au propriétaire... au Joseph... Eh bien ! merci... il reçoit de jolis peignoirs, le monsieur aux mœurs pures ! — Mais comment ?... Je devine !... la blanchisseuse se sera trompée d'étage... Alors... Anatole serait donc innocent... Est-ce drôle comme je me suis vite habituée à dire Anatole tout court!...Un instant !... un instant!... et ce médaillon !... (Allant le ramasser et l'examinant attentivement. Tiens !... il y a quelque chose de gravé dessus... (Lisant.) « A ma petite Estelle, souvenir du 18 septembre... » Comment le 18 septembre... mais nous ne sommes que le 17 ! (Regardant la pendule.) Ah ! ça va être bientôt le 18. Il comptait probablement me l'attacher au cou demain matin... laissons-lui ce petit plaisir-là... faisons semblant de n'avoir rien vu... (Elle remet le médaillon et la boîte dans le tiroir.) Est-on ridicule de se faire des idées!... comme c'était simple tout ça!... Et quand je pense qu'il a suffi de ce peignoir... Attends!... attends!... je vais le ranger, son linge, au Joseph... il le retrouvera demain matin... tiens! tiens! (Elle ouvre la fenêtre et la referme après avoir jeté le panier ; soulevant le rideau.) Tiens, il y a de la lumière en face, chez les Pinson... ils viennent de rentrer du bal... de notre bal...

CHANSON.

I

(Faisant un signe de la main à l'autre maison.)
Bonsoir, voisin... bonsoir voisine!..
(Se retournant vers le public.)
Non... ils causent au coin du feu!
(Elle regarde de nouveau.)
Madame ôte sa pélerine...
Tiens!... monsieur se rapproche un peu..
Il lui prend la main... Comme on s'aime
De l'autre côté des carreaux!
Ah! c'est bien gentil tout de même
Un ménage de tourtereaux.

II

Tiens! autour de sa taille souple
Voilà que son bras est passé...
Qu'ils sont charmants! Le joli couple
Ainsi gentîment enlacé!
On dirait un tendre poëme
Comme on en voit dans les tableaux...
Ah! C'est bien gentil tout de même
Un ménage de tourtereaux.

III

Je ne vois plus ce qui se passe...
Cesseraient-ils d'être d'accord ?
Pas du tout... Voilà qu'il l'embrasse,
Il l'embrasse même très-fort !
Oh ! c'est un très-mauvais système
De ne pas avoir de rideaux !

(Poussant un cri de surprise, puis souriant.)

Ah ! c'est bien gentil tout de même
Un ménage de tourtereaux !

(On entend frapper à la porte.)

Ah ! mon Dieu !... c'est lui... c'est Anatole !... (Regardant la pendule.) Mais il n'est que minuit moins cinq... (Très-naïvement.) C'est peut-être que sa montre avance...

(Elle se dirige vers la porte du fond dont le verrou est tiré.
— Le rideau baisse.)

CLICHY — Imprimerie PAUL DUPONT, 12, rue du Bac-d'Asnières.

EXTRAIT

DU

CATALOGUE DE LA LIBRAIRIE TRESSE,

10 ET 11, GALERIE DE CHARTRES,

PALAIS-ROYAL.

CABINET SECRET

DU

MUSÉE ROYAL

DE NAPLES

Un beau volume in-4° grand raisin vélin, orné de 60 planches coloriées, représentant les peintures, les bronzes et statues érotiques qui existent dans ce cabinet. Au lieu de 100 francs, broché. . . . . 60 fr.

LE MÊME, figures noires, broché. 40
— figures coloriées sur chine, demi-reliure en veau. 80
— figures noires sur chine, demi-reliure en veau. . 70
— doubles figures noires et coloriées, cartonné. . . 90
— avec les deux collections de gravures sur papier de Chine parfaitement coloriées, demi-reliure, dos en veau à nerfs 120

L'art ancien et l'art au moyen âge ne se piquaient pas d'une pudeur bien chaste; les plus admirables chefs-d'œuvre sont souvent accompagnés de détails obscènes qui en rendent impossible l'exposition aux yeux de tous. Le cabinet secret du roi de Naples est la seule galerie au monde où l'on se soit proposé de réunir tous les chefs-d'œuvre impudiques. Le livre qui les reproduit est l'indispensable complément de toutes les collections, de musées, et doit trouver place dans un coin secret de la bibliothèque de l'artiste et de l'amateur.

Clichy. — Impr. Paul Dupont et Cie, rue du Bac-d'Asnières, 12.

300

EN VENTE
A LA MÊME LIBRAIRIE

FOYERS
ET
COULISSES

HISTOIRE DE TOUS LES THÉATRES DE PARIS

Cet ouvrage comprendra 20 livraisons in-32 jésus, ornées des photographies des principaux artistes.

Chaque volume 1 fr. 50

PREMIÈRE LIVRAISON

LES BOUFFES-PARISIENS

avec les photographies de

M[MES] JUDIC ET PESCHARD

DEUXIÈME LIVRAISON

LES FOLIES-DRAMATIQUES

avec les photographies de

Mlles PAOLA MARIÉ et DESCLAUZAS

TROISIÈME LIVRAISON

LES VARIÉTÉS

QUATRIÈME LIVRAISON

LE PALAIS-ROYAL

CINQUIÈME LIVRAISON

LA COMÉDIE-FRANÇAISE (2 VOL.)

Clichy. — Imprimerie Paul Dupont, 12, rue du Bac-d'Asnières.

www.ingramcontent.com/pod-product-compliance
Ingram Content Group UK Ltd.
Pitfield, Milton Keynes, MK11 3LW, UK
UKHW021928190726
13853UKWH00002B/922